AF232348

3339

LES EXCELLENCES DE L'ORDRE

des Freres Mineurs de l'Obseruance
de Sainct François

DEDIE'ES A

MONSEIGNEVR L'ILLVSTRISSIME
ET RELIGIOSISSIME

FRANÇOIS DE HARLAY

Archeuesque de Rouën, Primat de Normandie
Président à l'Assemblée Generalle du Clergé
de France,

SEANTE A PRESENT AV CONVENT
de l'Obseruance de Sainct François à Ponthoise.

MONSEIGNEVR *agrées s'il vous*
plait cet Ouurage,
Noſtre Ordre en vous l'offrant fait vn
vtile choix,
Car de voſtre nom ſeul il tire vn bon preſage,
Que vous luy ſerez Pere eſtant vn S. François.

A

Mais il en voit desia des marques infaillibles,
Voyant dans sa Maison vostre Auguste Clergé:
Où vous luy départés des faueurs si visibles,
Quil en veut à iamais estre vostre obligé.

Que si sa pauureté n'a pas dequoy vous rendre,
Il vous rendra du moins ses plus riches honneurs:
Et si vous poursuiuez à vouloir nous deffendre,
Estant nostre Tuteur nous serons vos Mineurs.

DE SANCTITATE,

DIGNITATE, NOBILITATE,

& Amplitudine Religionis Minorum

PATRIBVS AD COMITIA GENERALIA ROMÆ
in monte Capitolino feu Conuentu de Ara cœli Anno 1651.
vocatis,

Et electioni Reuerendiſſimi Patri

P. MANERI,

Ad miniſterium Generalatus totius Ordinis vacantibus, poſt
maturam diſcuſſionem, Præfentatis.

O PATRIARCHA inopum, quanta
propagine ſplendes?
Innumeros niueâ Virginitate paris.

DE LA SAINCTETE', DIGNITE',
NOBLESSE, ET ESTENDVE DE LORDRE DE
SAINCT FRANCOIS
SVIVANT LA SVPPVTATION
FAICTE EN L'ELECTION DV REVERENDISSIME
PERE PIERRE MANERO
GENERAL DE L'OBSERVANCE,
AV CHAPITRE GENERAL CELEBRE' A ROME,
AV CAPITOLE, CONVENT dit ARA COELI L'AN 1651.

O *PATRIARCHE heureux au choix*
de ta prudence ?
Tu fuis les voluptés pour auoir des enfans ;
Ouy, ta virginité malgré ſa continence,
Paſſe les plus feconds, & les plus triomphans.

B

O cui tot tantiſque datur ſoboleſcere natis
Suſcipe quæ paucis multa referre iuuat.

DE SANCTITATE

54.Sanct. Canon.
Cum quatuor Sanctis & quinquaginta coruſcas.
606. Beat.
Sexcentos & ſex turma beata videt.

1500. Martyr.
Martyrij palmâ quingenti & mille triumphant,
Sanguine qui fuſo promeruêre polum.

1650. Inſignes.
Hos quinquaginta ſexcenti & mille ſeqůuntur,
Inſignes omnes qui pietate micant.

Mais puis qu'on voit ainſi ta nombreuſe famille
Amplement épanduë en ce grand Vnivers ;
Permets moy que de ceux dont le merite brille,
Les noms ſoient à iamais côſacrez dans mes vers.

Ie vois deſia paroiſtre au ſeiour de la gloire,
Parmi la ſaincte Armée vn eſcadron nombreux,
Où i'en remarque autant qu'en à couché l'hiſtoire,
Cinquãte quatre Saints, ſix cés ſix Biế-heureux.

Bien plus ie peux encor dans ce diuin Empire
En conter quinze cens placés au premier rang ;
Qui pour auoir gagné la palme du Martyre
Portent des Eſtendars empourprez de leur ſang:

Aupres de ces Martyrs vne troupe éclatante
De Heros ſignalez par leurs hautes vertus,
Forme vn corps glorieux de ſeize cens cinquante
Qui tiennent ſous leurs pieds les vices abatus.

5. summi Pontif.

Pontifices summos sacer ordo quinque recenset,
Qui rexêre Petri non sine laude ratem.

60. Cardin.

Cardineos Patres tu sexaginta dedisti,
Intentos Christi sollicitosque gregi.

12. Patriarch.

Das Patriarchali bis senos munere functos.

2000. Episc.

Das & Pontificum millia bina Patrum.

270. Legat.

Legatos triginta minus discerno trecentos,
Qui multis pacem sæpe tulêre locis.

Le Ciel honnore auſſi de cinq beaux Ieroglyfes,
Ou l'on voit dans les fers le monde & le demon,
Cinq Mineurs deuenus cinq ſoūuerains Pōtifes,
Qui de la ſainĉte Egliſe ont tenu le timon.

Plus bas reluit la pourpre à cet Ordre ſouſmiſe,
D'ont furent reueſtus ſoixante Cardinaux,
De qui la charité ſe fit voir à l'Egliſe,
Dãs les ſoins employez pour les ſacrés troupeaux

Là brillent à mes yeux douze grands Patriarches
Qui paſſez de cet Ordre aux ſainĉtes onĉtions,
Firent dans les Vertus de ſi belles démarches,
Que leur Sainĉteté ſeulle orna leurs fonĉtions.

Deux mille Eueſques ont icy leur plus beau luſtre
Au milieu de la gloire & des diuins éclats ;
Et ie decouure encor parmy ce rang illuſtre
Deux cẽs ſoixãte & dix grãds & fameux Legats.

C

74. Inquiſitor.

Inquiſitorum decades ſeptem numerantur.
Et quatuor monades , quos tuus ordo dedit.

2000. Script. & plus.

Scriptorum tantam video venerorque Cateruam
Vt non ſit numerus millia bina meus.

DE NOBILITATE.

5. Imperatores & 4. Imperator.

Spretis Imperiis in noſtro paupere cultu
Matronæ quatuor , quinque ſtetêre viri.

A cofté fe prefente vn Efcadron fidelle
De foixante & quatorze adroits Inquifiteurs,
Qui remplis d'vn ardent & veritable zele,
Ont efté de la foy les puiffants protecteurs.

Là deux mille efcriuains dŏt les plumes fçauātes
En volant par le monde ont raui les Efprits,
Et dont auec raifon (Saint Ordre) tu te vantes
Brillent encore biĕ mieux que dedans leurs efcris.

Tu paffes en nobleffe auffi bien qu'en doctrine
Et les ordres anciens & les Ordres nouueaux,
Et quand ie nombre au Ciel cette troupe diuine,
I e ne fçaurois affez prifer combien tu vaux.

Car fi ie vois reluire en ce lieu de delices
Neuf aftres eclairez des Diuines fplendeurs,
Ce font cinq Empereurs & quatre Imperatrices,
Qui pour mŏter au Ciel, mirĕt bas leurs grādeurs,

25. Reg. & 25. Reginæ.

Veste tuâ moti viginti quinque Regentes,
Reginæ totidem Regia sceptra terunt.

355. Filij Regum.

Necnon tercentum Regali sanguine natos
Et quinquaginta quinque, Beate, trahis.

1. Archid. & 1. Archiducissa.

Archiducem video, Archiducissam cerno sequentem
Quos tua pauperies fert & ad Astra leuat.

20. Duc. & 40. Duciss.

Vigintique Duces, quadragintaque Ducissæ,
Nomina militiæ sponte dedêre tuæ.

7. Princip. & 7. Principissæ.

Das vt principibus septem bis (sexus vterque est)
Stemmata sordescant & tua signa gerant.

Apres suit vn beau rang de testes Souueraines,
Où la gloire respond au merite éclatant;
Il est de vingt - cinq Roys , il est de 25. Reines;
Car cet Ordre fecond en peut conter autant.

On voit encore assis parmy ce rang auguste,
Trois cents cinquante cinq enfans issus de Roys
Dont le Cœur par vn chóix judicieux & iuste
Aima mieux receuoir que de donner des Loix.

Là cet ordre accomply dont la Vertu profonde
Tira de l'Euangile & la force & le suc,
Parmi ces Potentats qui laisserent le monde,
Conte vne Archiduchesse auec vn Archiduc.

Il conte encor vingt Ducs & quaräte Duchesses
Qu'vn beau zele a poußé à suiure auec honneur;
Sept Princes Souuerains & sept grandes Prin-
    cesses,
    Qui passerent leur vie en ce lieu de bonheur.

34. Marchiones, 26. Marchionissæ
Marchio nec deerit: nam Sexaginta notamus,
Viginti è queis sex, fœmineum decus est.

85. Comites.
Bis quadraginta Comites, & quinque sequuntur.

32. Comitissæ.
Trigintaque duas nobilitate pares.

368. Nati ex huiusmodi Principibus,
Talibus exortos Patribus numerare trecentos
Sexaginta octo, tu, Patriarcha, potes.

A ce nombre éclatant de personnes exquises,
Se joignirent encor trente quatre Marquis ;
Auecque vingt & six glorieuses Marquises,
D'ŏt les cœurs par cet Ordre à Dieu furĕt acquis.

De plus cet Ordre sainct met au rang de ses côtes
En personnes de marque vne autre legion,
Où le Ciel voit vn corps de 85. Comtes,
Qui laisserent la Cour pour la Religion.

Mais pour ne rien passer des brillantes richesses,
dont cét Ordre fait montre en cét auguste lieu;
Là sied vn train pompeux de 32. Comtesses
Qui trouuent leur conte en se donnant à Dieu.

Enfin trois cens soixante & huit enfans d'élite,
Nez de Ducs, de Marquis & de Comtes vaillăts,
Pour auoir en cet Ordre augmenté leur merite,
Eclatent dans le Ciel sur des trosnes brillants:

DE AMPLITVDINE.

150. Prouinciæ.

Centum atque quinquaginta funt Prouinciæ.

24. Vicar.   12. Cuftodiæ.

Decies bis atque quattuor funt Vicariæ,
    Et computantur duodecim Cuftodiæ.

6. Vniuerfitates.   300. Conu. in India.

Sex ampla fupputantur & Collegia.
Domos trecentas deftinauit India.
Vbi docentur Chriftiana dogmata.

Mais si iusqu'à present mon ame suspenduë,
A contemplé cet Ordre éleué dans les Cieux ;
Voyons-le maintenant dans son ample estenduë,
Estably sur la terre en quantité de lieux:

Il n'est point sous le Ciel, ny de Rois, ny de Princes,
Pour riches & puissans qu'on veüille les vanter,
Qui content en pays cent cinquante Prouinces,
Comme cet Ordre immense en peut luy seul conter.

Il y comprend vingt-quatre amples Vicareries,
D'où son éclat paroit encor plus que iamais;
Auec le nombre exact de douze Custodies,
Qui parmy les Conuents entretiennent la paix.

Cet Ordre est vne escole ou la science regne:
I'en appelle à tesmoins & villes & Citez:
Il à trois cents Cöuents dans l'Inde ou l'ö enseigne
Et dans six autre lieux, six Vniuersitez.

E

MISSIONES.
Europa 27. Africa 20. Asia 8. America 14.
Hinc vasta Missionibus Seraphicis
Europa gaudet bis decem, septem additis.
Monstrifera viginti eruditur Africa.
Octo habet Asia; America bis septem tenet.

11035 Conuentus. 180000 Religiosi.
Conuentuum Fratrum vndecim sunt millia;
Queis septies quinque addito asceteria.
Fratrum ducenta millia decem bis minus.
Notamus,

15000. Monasteria. 210000. Religiosæ.
& feruentibus sororibus
Sunt Coenobia ter quinque structa millia:
Quarum ducenta quinque bis sunt millia.

Il voit vingt Mißions esparses dans l'Afrique;
L'Asie en conte huit, & l'Europe vingt-sept:
Il en fournit encor quatorze à l'Amerique,
Dont le fruict est si grand que par tout on le sçait.

                          (brable

Le nombre des Conuents paroist presque innom-
Et si grand est celuy des saints Religieux,   (ble.
Que la Mer sur ses bords à moins de grains de sa-
Et la nuit voit briller moins d'Estoiles aux Cieux:

Mais si de ses Conuents vous demandez le conte?
Ioignez à vnze mille encore trente cinq;
Si des Religieux ou le nombre se monte?
Les mille ramassez en font cent quatre-vingt.

Qui voudra supputer les sacrez Monasteres,
En aura quinze mille apres auoir conté,
Ou viuent deux cents dix mille Filles austeres,
Dont le sexe vainqueur tient tout l'Enfer donté

Tertiarij innumeri.
Ordo dat innumeros sodales Tertius.

AD S.P.N.B. FRANCISCVM SVPER COMITIIS
*Minorum Generalibus Romæ in Monte Capitolino
celebratis Anno 1651.*

EPIGRAMMA.

ASPICE Sancte Pater venientes vndique natos
    Ad Capitolinæ tecta sacrata domus.
Augustus tenuit quondam Capitolia Cæsar,
    Inde dabat leges, vrbis & orbis herus:
Hæc Francisce, tenes depulso Cæsare|pauper,
    Sic tua paupertas ritè triumphat ouans.

FRATER LVDOVICVS CAVALLI
*Gallus, Prouinciæ Franciæ Parisiensis Minorita, Con-
uentus Bolloniensis alumnus, in sacra Lateranensi
Basilica Pœnitentiarius Apostolicus.*

Ceux qui sont du Tiers Ordre y paroißēt sans nōbre,
Et ce troupeau deuot s'accroit de iour en iour,
Ce sont des cœurs choisis qui s'y cachent à l'ombre
Pour estre plus brillants au bien-heureux se iour.

AV BIENHEVREVX PERE S. FRANCOIS
Sur le Chapitre General des Freres Mineurs,
celebré à Rome au Mont Capitole l'an 1651.

EPIGRAMME.

VOY grād Saint, au milieu du sacré Capitole
Tes Enfans ramassez de l'vn & l'autre pole
Tenir ce lieu fameux d'où Cesar autrefois,
A l'Vnivers sousmis donnoit de justes Loix;
Il est tien maintenant, & ta Loy sans seconde
A si bien sceu ranger ce grand Maistre du Monde;
Que tu vois aux dépens d'vn Cesar debouté
Triompher hautement ton humble pauureté.

E

EXCVSE DE L'AVTHEVR

Aux RR. PP. du mesme Ordre de S François,
Sur la rudesse de ses vers.

SONNET.

SI Vous trouuez mauuais que dans mon entreprise
Ie n'ay pas mis vostre Ordre en sa juste beauté
Sachez que sa grandeur ne peut estre comprise :
Dans vn vers dont l'espace est tousiours limité.

Aussi ma Poesie a paru si surprise,
En mesurant ce nombre auec sa quantité,
Que si vous agréez la peine qu'ell'a prise,
Vous luy donnerez plus qu'elle n'a merité,

Il est vray qu'ell'a mis des termes en vsage
Qui l'ont rendue affreuse en ce penible Ouurage,
Ou la grace a peri pour sauuer la vigueur.

Mais son austerité peut passer pour estude ;
Car ne falloit-il pas qu'elle fut aspre & rude
Pour exprimer vostre Ordre auecque sa rigueur.

Par le R. P. NICOLAS LE FEBVRE
De la Compagnie de IESVS.
1660.

A PARIS,

Chez **EDME COVTEROT**, ruë Saint Iacques
au Bon Pasteur.

M. DC. LX.

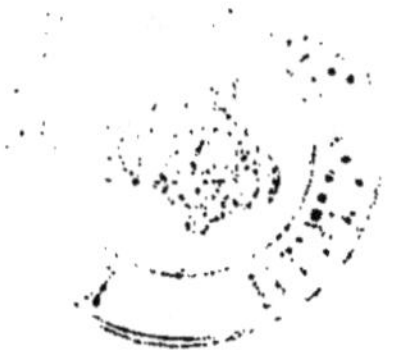